Serge SIKA Ngonda

O método Dewaz

Serge SIKA Ngonda

O método Dewaz

Pela elaboração, execução, controlo e avaliação dos
orçamentos do Estado e das empresas

ScienciaScripts

Imprint

Any brand names and product names mentioned in this book are subject to trademark, brand or patent protection and are trademarks or registered trademarks of their respective holders. The use of brand names, product names, common names, trade names, product descriptions etc. even without a particular marking in this work is in no way to be construed to mean that such names may be regarded as unrestricted in respect of trademark and brand protection legislation and could thus be used by anyone.

Cover image: www.ingimage.com

This book is a translation from the original published under ISBN 978-620-6-69364-2.

Publisher:
Sciencia Scripts
is a trademark of
Dodo Books Indian Ocean Ltd. and OmniScriptum S.R.L publishing group

120 High Road, East Finchley, London, N2 9ED, United Kingdom
Str. Armeneasca 28/1, office 1, Chisinau MD-2012, Republic of Moldova, Europe
Printed at: see last page
ISBN: 978-620-7-27699-8

Conteúdo

Serge SIKA iniciou a sua carreira de investigador em técnicas de orçamentação quando, em 1995, foi envolvido na gestão de uma escola onde trabalhava como professor permanente. De repente, apercebeu-se de que a previsão da gestão financeira era um problema real devido à falta de ferramentas de gestão adequadas.

Assim, enveredou por um campo de investigação de grande complexidade para encontrar os meios necessários a uma gestão eficaz, o que levou ao desenvolvimento de um método de orçamentação que tinha sido designado por "Orçamento Escolar por Tabelas" e que, após sucessivos aperfeiçoamentos, passou a ser conhecido por "Método Dewaz", considerado adequado à gestão escolar.

O Método Dewaz foi posteriormente reformado e alargado, de modo a poder ser adaptado a todos os sectores de atividade, tanto públicos como privados, e deixou de ser apenas um instrumento de gestão para as escolas.

O objetivo atual de Serge SIKA é utilizar os resultados da sua investigação para transformar a orçamentação numa disciplina científica de pleno direito. Esta é a razão de ser da coleção ". As práticas orçamentais".

Dedico este livro a Jean-Blaise SIKA com gratidão, porque ele nunca deixou de ser um grande irmão digno desse nome.

Este manual constitui uma ferramenta combinada para a gestão orçamental das administrações públicas e das empresas, com o objetivo de fornecer os elementos básicos para uma gestão orçamental eficaz e eficiente.

A história começou quando os profissionais americanos, na sequência da crise de 1929 que atingiu duramente o seu país, conceberam um método de orçamentação que foi apresentado ao mesmo tempo em vários outros países ocidentais, mas só depois da Segunda Guerra Mundial é que foi amplamente aceite. Este método de orçamentação revelou-se muito eficaz, mas continuou a ser uma questão para os profissionais, porque, escreve Meyer, não existia uma teoria geral que fornecesse orientações para a elaboração e utilização dos orçamentos.[1]

Um certo número de investigadores em muitos países, nomeadamente Jean Meyer em França, tinha realizado trabalhos para clarificar os conceitos e objectivos fundamentais da gestão orçamental.

É neste sentido que as investigações científicas, nomeadamente o estudo aprofundado da gestão orçamental, empreendidas com o objetivo de fornecer os conhecimentos necessários para pôr termo à extravagância financeira sistemática, foram os primeiros passos para o desenvolvimento do que hoje se designa por Método Dewaz, uma abordagem científica baseada na utilização de quadros suplementares para a elaboração, execução e avaliação dos orçamentos dos Estados e das empresas, públicas e privadas.

O Método Dewaz permite uma boa governação na medida em que actua como um instrumento de gestão que tem em conta todas as funções essenciais de uma estrutura, pelo que, enquanto método orçamental, se define como uma base ideal para uma gestão eficaz e eficiente dos Estados e das empresas de todos os tipos, com vista a fornecer um apoio objetivo, por um lado, aos gestores das empresas para reforçar a boa governação e, por outro, à administração pública para criar um sistema prático e eficaz de controlo da gestão das empresas públicas e privadas.

A combinação do método de Dewaz com a álgebra orçamental resolve o problema da flexibilidade e da precisão descrito pelo Professor Paul Seka Seka, porque durante muito tempo foram recomendados métodos de avaliação das receitas para evitar o risco de arbitrariedade na avaliação das receitas. Atualmente, porém, todos estes métodos estão a ser abandonados em favor de métodos simultaneamente precisos e flexíveis.[2]

Gostaria de expressar a minha gratidão à minha querida esposa Lydie SIKA

---

[1] J. MEYER, Gestion budgetaire, Paris, 1979, p 2
[2] SEKA SEKA Paul, Cours des Finances Publiques, Abidjan, 2012, p 10

pela sua contribuição moral e material para a produção deste livro.

Gostaria de agradecer à Mademoiselle Belcance NZUZI pelo tempo que dedicou à redação deste livro.

Agradeço desde já a todos os que se dispuserem a enviar-me os seus comentários e sugestões para melhorar este trabalho, que reconheço não ser perfeito.

Serge SIKA Ngonda

Atualmente, o estudo do orçamento apresenta-se como uma síntese de conhecimentos teóricos e práticos relacionados com os problemas concretos colocados pelo funcionamento e organização dos Estados e das empresas públicas e privadas.

O campo de investigação das empresas foi consideravelmente modificado e alargado, e tivemos de ter em conta este alargamento para analisar o funcionamento dos Estados e das empresas, num contexto puramente orçamental, sem esquecer que o orçamento das empresas é atualmente um campo menos explorado, na medida em que a investigação gira mais frequentemente em torno do orçamento do Estado.

Por conseguinte, é necessário um método de orçamentação que clarifique os princípios de elaboração e de utilização dos orçamentos, tanto do Estado como das empresas. O método abordado neste livro é o método Dewaz, que recomenda a estimativa das receitas com base no número e no valor monetário dos produtos orçamentais, que são as fontes de receitas. Este facto torna o Método Dewaz não só matemático, mas também compatível com os orçamentos do Estado e das empresas.

O livro está organizado em seis capítulos, cada um dos quais é desenvolvido sucessivamente. O primeiro capítulo apresenta uma visão geral do Método Dewaz.

Os capítulos dois e três descrevem os conceitos de produtos e actividades, respetivamente.

O capítulo 4 apresenta uma visão pormenorizada do montante previsional que constitui a base das previsões orçamentais.

O capítulo 5 desenvolve o orçamento agrícola, ou seja, a gestão orçamental dos produtos naturais.

O sexto capítulo, o último da obra, é essencialmente consagrado às três aplicações do método Dewaz: a orçamentação, o processo orçamental e o Sistema Orçamental Integrado (SIO).

Capítulo I

INFORMAÇÕES GERAIS SOBRE O MÉTODO DEWAZ

I.2 O que é o Método Dewaz?

O método Dewaz é um método de orçamentação. Consiste em :

1) Apresentar as informações financeiras de uma organização pública ou privada em quadros suplementares e processá-las de modo a obter um quadro que combine as receitas a gerar e as despesas a autorizar, sendo este último quadro a melhor expressão do orçamento da organização (folhas de cálculo);

2) Registar a previsão de receitas no orçamento, depois afectá-las e, por fim, apresentar as despesas de acordo com o estado de cada atividade no orçamento;

3) Avaliar o orçamento com base nos quadros de combinação.

O Método de Dewaz é aplicado através de tabelas complementares e em três fases:

> Preparação do orçamento ;

> Execução orçamental ;

> Avaliação orçamental.

Cada fase tem o seu próprio grupo de painéis específicos. Os painéis da primeira fase são designados por painéis de conceção, os da segunda fase por painéis de gestão e o terceiro grupo por painéis de mosaico.

Mesas de desenho	Quadros de gestão	Pinturas em mosaico

1. Fundo de gestão

2. Diretório de produtos

3. Inquérito aos efectivos

4. Temas concordantes

5. Estimativa de custos

6. Avaliação dos custos de produção

7. Discriminação dos produtos

8. Centralização das receitas

9. Descrição das despesas

10. Resumo

1. Financeiro

2. Relatório de perceção

3. Receitas periódicas

4. Registo de acumulação

5. Subvenção à atividade

1. Folha de pendências

2. Resumo da bolsa de valores

3. Capitalista

A. Preparação do orçamento

A preparação do orçamento consiste em determinar antecipadamente as receitas e as despesas a realizar, quando ainda não foram geradas quaisquer receitas nem efectuadas quaisquer despesas.

A ideia não é elaborar um orçamento com base em dados vagamente estimados, mas sim trabalhar com dados que foram cuidadosamente calculados e rigorosamente verificados.

O objetivo da previsão", escreve Fahey, "é desenvolver operações plausíveis em termos de escala, direção, velocidade e intensidade da mudança.[3]

Segundo Lesourne, é possível caraterizar cada decisão pelo rendimento atualizado que gera e escolher aquela para a qual o rendimento atualizado é máximo. Note-se que, se a informação for perfeita, esta decisão é também a que maximiza o valor da empresa no mercado, uma vez que este não é mais do que o valor atual dos lucros futuros da empresa.[3][4][5]

Elaborar um orçamento significa enumerar, identificar e classificar as despesas e as receitas e, em seguida, proceder a ajustamentos para obter um orçamento equilibrado ou a margem desejada.

O tempo necessário para elaborar um orçamento depende da quantidade de informação financeira de que a empresa dispõe. Por exemplo, a elaboração de um orçamento para uma pequena empresa pode demorar apenas um dia, ao passo que a elaboração de um orçamento para uma grande empresa pode demorar vários meses.

Há um erro que não devemos cometer", diz Lesourne, "que é o de estudar um equipamento sem pensar na sua substituição. Assim, continua, cada decisão atual está associada a uma série de situações futuras aleatórias, sendo a palavra aleatória tomada no sentido da teoria das probabilidades. Mais precisamente, o valor atual dos lucros futuros gerados por uma decisão é uma variável aleatória cuja distribuição de probabilidades se supõe conhecida[5].

As vendas totais durante um determinado período consistem geralmente numa série de transacções com margens diferentes que cobrem fracções mais ou menos proporcionais dos custos operacionais. É sempre necessária uma análise cuidadosa para garantir que a margem de lucro média é suficiente.

A regra número um para o sucesso orçamental:

Os objectivos de vendas devem ser definidos com precisão. Idealmente, estes devem ser definidos para cada mercado e sector de atividade, bem como para cada linha de produtos e segmento de clientes.

B. Execução orçamental

A execução orçamental consiste em realizar as receitas e as despesas em conformidade com as previsões orçamentais elaboradas na primeira fase.

A empresa deve consultar o seu orçamento regularmente durante o exercício, se possível mensalmente. Qualquer alteração numa das rubricas do quadro pode ter

---

[3] L. FAHEY, Os parâmetros essenciais da gestão estratégica, Paris, 1997, p. 297
[4] L. LESOURNE, Technique economique et gestion industrielle, Paris, 1971, p 35
[5] L. LESOURNE, Technique economique et gestion industrielle, Paris, 1971, p 36

um impacto significativo.

O orçamento estimado é provisório. Por conseguinte, estará sujeito a alterações à medida que a empresa dispuser de informações adicionais durante o exercício:

- Novos produtos a comprar
- Mudança de fornecedor
- Imposto adicional a pagar
- Novos clientes a equipar
- Tendências do mercado (para cima ou para baixo)
- Melhoria ou deterioração da situação económica
- Preço e quantidade de mão de obra disponível
- Preços e níveis das matérias-primas, etc.

Regie numero deux :

Os resultados da empresa devem ser comparados regularmente (todos os meses ou de três em três meses) com as previsões, e estas devem ser alteradas se se revelarem demasiado exageradas.

C. Avaliação orçamental

A análise do orçamento consiste em comparar os valores reais e previstos para identificar eventuais discrepâncias. Para o efeito, os quadros de conceção devem ser reconciliados com os quadros de gestão para produzir quadros em mosaico para efeitos de análise.

O controlo orçamental é um poderoso instrumento de investigação, pois permite uma comparação crítica entre o que deveria ter acontecido e o que aconteceu, entre o que foi planeado e o que foi efetivamente realizado.[6]

É neste sentido que o método Dewaz prevê a avaliação do orçamento, conciliando os quadros de conceção utilizados durante a preparação do orçamento com os quadros de gestão utilizados durante a execução do orçamento. O exercício é simples e, no final do período orçamental, permite não só identificar as diferenças entre as despesas efectivas e as despesas previstas, mas também determinar a taxa de execução orçamental, que estabelece os objectivos para o orçamento seguinte.

D. O período orçamental

O orçamento está sempre ligado a um período de gestão orçamental, que é precedido de uma previsão e completado por uma reavaliação.

O período geralmente aceite é o período anual, porque as contas são encerradas anualmente e fornecem assim os elementos de controlo.[7] Mas este período, cujo mérito é a simplicidade, nem sempre responde às necessidades de um período orçamental. Será frequentemente necessário prolongá-lo ou deduzi-lo.

---

[6] P. LOEB, Le budget de l'entreprise, Paris, 1956, p 76
[7] P. LOEB, Le budget de l'entreprise, Paris, 1956, p 78

É desejável que as empresas adoptem períodos orçamentais mais curtos para que, se durante o período orçamental ocorrer um acontecimento importante que altere as previsões, não haja hesitação em interromper o período em curso e substituir por um novo. Foi assim que LOEB desenvolveu a teoria de que "não há limite inferior para o período orçamental, este deve ser modelado em função das circunstâncias e medidas correspondentes".[8] Se as vendas são sazonais, o orçamento também deve ser sazonal.

I.3 Formalismo do Método de Dewaz

A. Origem

As dificuldades dos princípios orçamentais estudados em Finanças Públicas em apresentar um método prático para a gestão dos orçamentos das empresas levaram à procura de uma ferramenta de alto desempenho e à criação do Método Dewaz utilizando quadros complementares (a prática das fichas orçamentais).

Trata-se de um processo de gestão que implementa as propriedades da sucessão de matrizes, desde as matrizes de conceção, passando pelas matrizes de gestão, até aos mosaicos.

Um quadro constitui, por conseguinte, uma etapa específica da gestão orçamental.

B. Características

Para cumprir o seu objetivo declarado de facilitar a gestão orçamental nas empresas públicas e privadas, o Método Dewaz é essencialmente compatível com os princípios da modularidade. As fichas orçamentais são elaboradas em três fases:

- Elaboração,
- Execução,
- Avaliação.

Cada fase tem o seu próprio grupo de painéis. Os painéis da primeira fase são denominados painéis de conceção, os da segunda fase são painéis de gestão e o terceiro grupo de painéis é constituído pelos painéis de mosaico.

C. Componentes

As fichas de orçamento incluem quadros divididos em três grupos:

- Tabelas de desenho ;
- Quadros de gestão ;
- Pinturas em mosaico.

Mesas de desenho	Quadros de gestão
1. O fundo de gestão	1. Pecuniário
2. Diretório de produtos	2. O relatório de perceção

---

[8] P. LOEB, Le budget de l'entreprise, Paris, 1956, p 78

3. O inquérito aos trabalhadores 4. A concordância dos sujeitos 5. Cálculo de custos 6. Avaliação dos custos de produção 7. Discriminação dos produtos 8. Centralização das receitas 9. Descrição das despesas 10. Resumo	3. O periódico 4. O registo de acumulação 5. O intercâmbio de actividades
	Pinturas em mosaico 1. Folha de pendências 2. O resumo da bolsa de valores 3. O capitalista

As tabelas do Método Dewaz são complementares, mas também o são os grupos de tabelas que constituem as fases do método, pelo que as fases do método são complementares da primeira à última.

A primeira fase termina com a passagem para a segunda fase, cujo material se encontra na primeira fase. A segunda fase implementa a primeira fase, dando forma concreta ao que foi planeado.

A terceira fase combina as duas primeiras fases para obter o material necessário para a tomada de decisão.

Se a primeira fase precede a segunda e lhe dá matéria, a segunda precede a terceira, cuja matéria provém tanto da primeira como da segunda.

Assim, a segunda fase resulta da primeira, mas a terceira resulta tanto da primeira como da segunda.

D. Estrutura de base

O orçamento das fichas de trabalho é elaborado em três fases que formam um todo
inseparáveis.

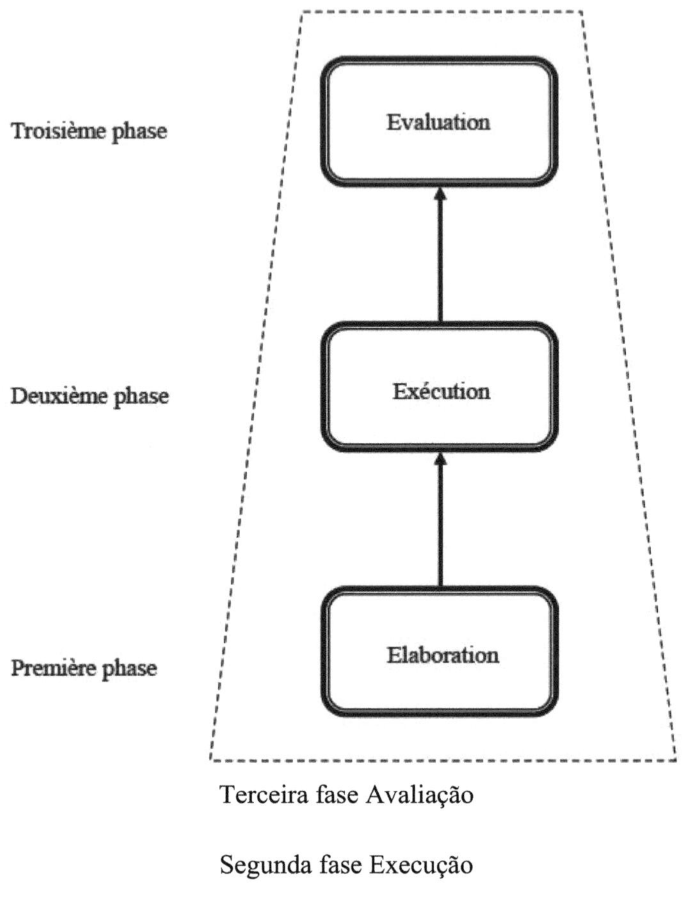

Terceira fase Avaliação

Segunda fase Execução

Primeira fase Elaboração

A primeira fase prepara a segunda, e as duas primeiras preparam a terceira. Consequentemente, a segunda fase não pode ser efectuada sem a primeira, e a terceira fase não pode ser efectuada sem as duas primeiras.

É possível executar um orçamento que não foi previamente elaborado? Ou avaliar um orçamento que não foi elaborado nem executado?

E. Fases do ciclo orçamental

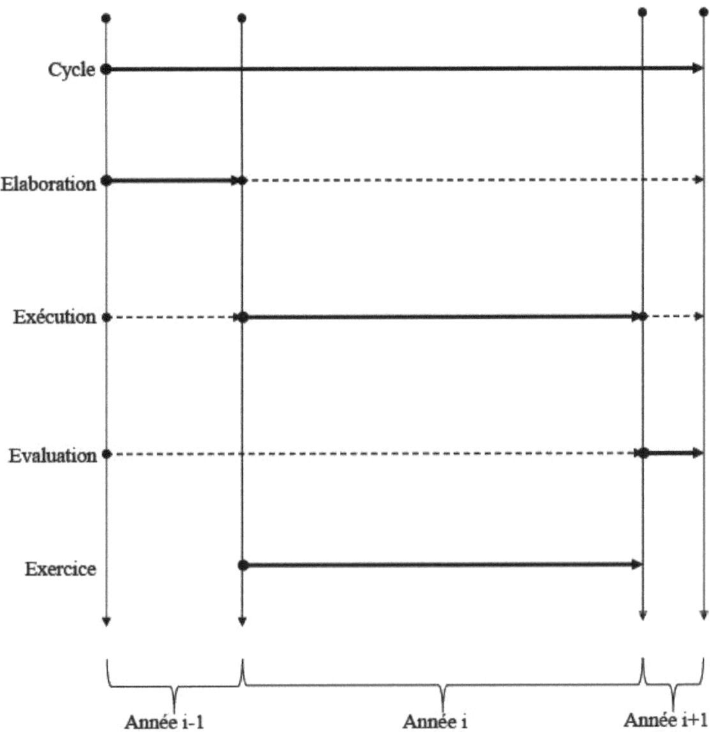

Para um orçamento anual, a periodicidade é de um ano, mas o seu ciclo estende-se por três anos sucessivos: o ano do orçamento e os anos precedente e seguinte. Apenas a execução tem lugar durante o exercício orçamental, uma vez que a preparação tem lugar durante o ano anterior e a avaliação durante o ano seguinte.

F. Vantagens do método Dewaz

As folhas de cálculo orçamentais são um método poderoso para representar as informações financeiras de uma empresa de forma harmoniosa, desde a apresentação das fontes de receitas até à determinação dos desvios, utilizando quadros complementares.

O Método Dewaz baseia-se numa abordagem altamente formalizada: é feita uma distinção entre as três fases do método: preparação do orçamento, execução e reavaliação, cada uma das quais tem quadros específicos a manter. Uma vez que as três fases são complementares, os quadros relativos a cada uma destas fases são igualmente complementares. Existe, portanto, uma separação entre as funções de preparação, execução e avaliação do orçamento.

O método Dewaz baseia-se no estudo e na manipulação dos produtos orçamentais e das actividades orçamentais, com o objetivo de definir o método operacional mais eficaz para a realização de tarefas específicas de gestão orçamental, conduzindo à elaboração de um plano de transcrição ótimo baseado numa sucessão de quadros a manter através de regras precisas e fórmulas adaptadas.

O Método Dewaz baseia-se numa abordagem científica de organização do trabalho de forma formalizada e normalizada, permitindo a elaboração, execução e avaliação do orçamento da empresa, com a possibilidade de identificar os desvios entre o previsto e o realizado no final do exercício.

O Método Dewaz define a possibilidade de alcançar um excedente orçamental potencial através do estudo e controlo dos factores sociais que estão na origem das flutuações sazonais que conduzem aos desequilíbrios orçamentais, bem como dos desvios negativos entre o real e o previsto, sabendo que é possível não só controlá-los, mas também eliminá-los.

Com os seus quadros complementares divididos em três fases, o Método Dewaz facilita a gestão, simplesmente mantendo os quadros elaborados com fórmulas adaptadas e princípios simples e práticos numa sequência harmoniosa que inclui, por um lado, as operações a realizar e, por outro, os especialistas cujas respectivas tarefas estão diretamente ligadas às operações orçamentais.

O Método Dewaz não é uma realidade fria e rígida: adapta-se a todos os tipos de empresas, tanto públicas como privadas, e a todas as actividades da vida, desde os actos individuais mais simples até ao trabalho complexo das grandes empresas.

I.4 Princípios do método Dewaz

A. Princípio da modularidade

A preparação do orçamento, a gestão, o controlo e a determinação dos desvios devem ser efectuados com precisão, produto a produto, atividade a atividade e consumidor a consumidor.

O objetivo da modularidade é facilitar as tarefas de elaboração, de orientação, de acompanhamento e de identificação das variações. O resultado é a transparência da gestão orçamental, desde a elaboração até à reavaliação.

A modularidade preconiza a gestão produto a produto, atividade a atividade e consumidor a consumidor antes da gestão global. A gestão individual prepara o caminho para a gestão global.

É mais fácil gerir um único produto, atividade ou consumidor do que geri-los todos ao mesmo tempo.

B. Princípio do pagamento mensal

Um bom orçamento deve ser elaborado, executado e avaliado mês a mês. Só assim é possível não só evitar ser surpreendido por variações sazonais nas actividades da empresa, mas também garantir o equilíbrio entre os rendimentos e as actividades da empresa ao longo do exercício.

Os princípios da modularidade e do pagamento mensal aplicam-se às três fases do orçamento: preparação, execução e avaliação.

No entanto, há que fazer uma distinção, porque existe modularidade preditiva, modularidade ativa e modularidade crítica, por um lado, e mensalidade preditiva, mensalidade ativa e mensalidade crítica, por outro.

C. Princípio do realismo

O realismo orçamental é a expressão da conformidade com a realidade na preparação e execução do orçamento.

1. Previsões realistas

O orçamento baseia-se nos dados reais da empresa. Não se trata de elaborar um orçamento com base em estimativas vagas, mas sim de trabalhar com dados cuidadosamente calculados e rigorosamente verificados.

Um orçamento só tem valor se as previsões estiverem de acordo com a realidade que é suposto descreverem.

2. Realismo ativo

O orçamento é o roteiro a seguir ao longo do exercício financeiro. Reflecte a saúde financeira da empresa.

D. Princípio da afinidade

A afinidade orçamental é a expressão da conformidade funcional dos elementos do orçamento: o produto, a atividade e o consumidor.

1. Afinidade preditiva

Um bom orçamento deve prever a evolução dos custos dos produtos. É essencial identificar as principais variáveis que influenciam a evolução das receitas.

Uma empresa recém-criada precisa de recolher informações sobre as flutuações sazonais no seu sector ou sobre os orçamentos dos seus concorrentes.

2. Afinidade ativa

Todos os montantes recebidos ou gastos em relação às estimativas orçamentais devem ser registados e contabilizados.

Os princípios de realismo e de adequação só se aplicam às duas primeiras fases do orçamento: preparação e execução.

Capítulo II

RECEITAS ORÇAMENTAIS

11.1 O que é um produto económico?

As receitas orçamentais referem-se a bens, serviços, impostos, contribuições e subsídios que são estimados em termos monetários e constituem a fonte de receitas de uma empresa.

A venda de bens, a prestação de serviços, as taxas, as subvenções (e vários tipos de auxílios) e as quotizações (para as associações) são fontes de receitas para as empresas.

11.2 Características dos produtos orçamentais

Na prática, cada produto orçamental tem dois identificadores: o seu nome e o seu valor intrínseco.

11.3 Tipos de produtos orçamentais

Os produtos económicos podem ser agrupados em três categorias:

1. Produtos de betão ;
2. Produtos semi-concretos ;
3. Produtos abstractos.

Os produtos concretos são aqueles que são palpáveis. Todos os produtos de um supermercado são produtos tangíveis.

Os produtos semi-concretos são aqueles que não são tangíveis, mas podem ser representados por uma imagem ou um objeto material. Uma empresa de telemóveis vende serviços ao público, enquanto o público compra cartões de carregamento, que não são, mas representam os produtos da empresa.

Os produtos abstractos são aqueles que não são tangíveis e que não podem ser representados nem por uma imagem nem por um objeto material. Os impostos devidos aos cofres públicos são produtos abstractos.

11.4 Consumidores de produtos económicos

Os consumidores são as pessoas (singulares ou colectivas) que se interessam pelos produtos orçamentais de uma determinada empresa e cujo pagamento de um preço permite a realização das receitas previstas no orçamento.

Se os bens de uma loja são os produtos orçamentais dessa loja, os compradores são os consumidores. Do mesmo modo, as propinas são os produtos de uma escola, mas os alunos são os consumidores.

Consumir um artigo orçamental é utilizá-lo em troca do pagamento de uma contrapartida proporcional ao seu valor monetário. Assim, um item orçamental utilizado sem o pagamento da contrapartida é considerado como não consumido.

Considera-se que uma mercadoria numa loja foi consumida quando o cliente que a utilizou pagou o preço, caso contrário o produto não é consumido. Por conseguinte, um aluno que estudou sem pagar não consumiu a rubrica orçamental relativa às propinas escolares.

N.B.

■ Uma rubrica orçamental é consumida em excesso quando o seu valor monetário é inferior ao da contraparte.

■ Um produto orçamental é subconsumido quando o seu valor monetário é superior ao da contraparte.

Quando o consumidor utiliza o produto orçamentado pagando apenas parte do seu valor monetário, existe um consumo parcial, pois o consumo é considerado total se e só se o pagamento do valor do produto tiver sido efectuado na totalidade. É neste sentido que a utilização gratuita de um produto por um consumidor é considerada não-consumo.

Note-se, no entanto, que quando os consumidores são categorizados e, para o mesmo produto, alguns consumidores pagam o total, outros pagam apenas uma parte e uma terceira categoria não paga, o consumo é sempre total quando o consumidor paga de acordo com a sua categoria. Por conseguinte, o consumo é considerado total:

1. Para um consumidor da primeira categoria que paga o valor total do produto ;

2. Para um consumidor da segunda categoria que paga uma parte do valor total, mas que corresponde à sua categoria;

3. Para um consumidor de terceira categoria que consome o produto gratuitamente.

Exemplo

Um centro de saúde fixa a tarifa das consultas médicas dos pacientes num montante a pagar da seguinte forma

- Os doentes normais pagam na totalidade;

- Os doentes convencionais pagam apenas metade da taxa;

- A consulta é gratuita para os titulares de direitos.

Consumidor	Pagamento		
	total	Metade	Nada
Requerente legítimo	Consumo excessivo	Consumo excessivo	Consumo normal
Convenção	Consumo excessivo	Consumo normal	Sem consumo
Doente normal	Consumo normal	Sob consumo	Sem consumo

II.5 Tipos de receitas orçamentais

Os produtos orçamentais podem ser :

- **Taxas** cujas bases de cálculo não estão claramente definidas, nem estão ainda por definir.

As quotizações são produtos específicos dos serviços públicos. Os consumidores de débitos directos dividem-se em duas categorias: os que podem ser inscritos numa lista e os que não podem.

Exemplos:
- IPR, Vignette cujos consumidores podem ser listados.
- Licenças de construção, custos de abate para os quais os consumidores não podem ser identificados.
- **Semelhantes às taxas** são os produtos orçamentais das empresas que, para gerar as suas receitas, oferecem os serviços que organizam aos consumidores. Estes consumidores, tal como os das taxas, podem ou não oferecer a possibilidade de criar listas para a sua gestão.

Exemplos:
- Taxas académicas, assinaturas para as quais os consumidores podem ser identificados.
- Consulta médica, bilhete de viagem cujos consumidores não podem ser identificados.

- **As letras de câmbio** são mercadorias que são vendidas aos consumidores depois de terem sido adquiridas sem terem sido objeto de qualquer tipo de processamento.

As letras de câmbio são produtos das sociedades de comércio geral, que compram mercadorias para revenda sem transformação.

Exemplos:
- Os diferentes tipos de produtos vendidos num supermercado.
- Medicamentos vendidos numa farmácia.

- **Os efeitos de transformação** são os resultados da transformação de matérias-primas por empresas de transformação que compram as matérias-primas mas vendem os produtos acabados obtidos após a transformação.

Exemplos:
- Pão vendido numa padaria.
- Sabonetes numa fábrica de sabonetes.

- **Os efeitos de extração** são os resultados da recolha de amostras da natureza. Todas as empresas cujos produtos provêm da natureza estão incluídas numa categoria que inclui actividades como :

- Pesca;
- Criação ;
- Agricultura ;
- Plantação ;
- Exploração mineira;
- Extração de materiais de construção ;

- Madeira ;
- E assim por diante.

A caraterística especial dos produtos desta categoria é que não são comprados ou processados, mas provêm diretamente da natureza.

Exemplos:

- Os peixes que constituem os produtos da pesca;
- Pedras de construção de uma empresa de exploração de pedreiras.

II.6 Tipos de receitas orçamentais

As receitas orçamentais podem ser divididas em 5 categorias diferentes:

1. Produtos aleatórios;
2. Produtos lineares ;
3. Produtos racionais ;
4. Produtos analíticos ;
5. Produtos agrícolas.

Um produto aleatório é uma amostra ou um produto semelhante a uma amostra cujos consumidores não são conhecidos antecipadamente e, por conseguinte, não oferecem a possibilidade de estabelecer listas.

A autorização de construção, por exemplo, é um produto orçamental. É impossível elaborar uma lista dos requerentes de licenças de construção aquando da preparação do orçamento, uma vez que estes só são conhecidos no momento do pedido.

A possibilidade ou impossibilidade de elaborar listas de consumidores é o ponto de diferença entre produtos aleatórios e racionais, na medida em que, quando é possível elaborar listas de consumidores, os produtos são ditos racionais. Os produtos racionais são, por conseguinte, impostos ou produtos semelhantes a impostos cujos consumidores são conhecidos e que podem ser listados e, por conseguinte, geridos.

Todas as mercadorias são produtos de orçamento linear porque não são transformadas antes de serem colocadas à venda.

Os produtos acabados pertencem à espécie analítica porque resultam da transformação de matérias-primas.

Os produtos agrícolas são o resultado da exploração direta dos elementos da natureza.

Nº	Natureza	Características	Espécies	Código
1	Levy ou similar	Não há lista de consumidores	Aleatório	Al
2	Levy ou similar	Lista de consumidores	Racional	Ra
3	Efeito de compra	Sem transformação	Linear	Li

4	Efeito de transformação	Transformação de materiais	Analítico	Um
5	Efeito de extração	Utilização direta da natureza	Agricultura	Ag

O mesmo produto orçamental pode ser aleatório e racional, mas no seu funcionamento continua a ser aleatório ou racional. Numa companhia de seguros, por exemplo, o orçamento pode basear-se em listas de clientes ou em flutuações sazonais.

II.7 Desperdício orçamental

A. Noções

O desperdício orçamental é definido como a perda, a redução ou a depreciação dos produtos ou dos consumidores envolvidos na preparação das previsões orçamentais.

O desperdício orçamental ocorre quando a quantidade de um produto orçamentado vendido é inferior à quantidade prevista e quando as receitas não atingem o nível esperado. Por conseguinte, não se pode dizer que se verifica uma perda orçamental quando a quantidade de um produto orçamentado vendido é superior ou igual à quantidade prevista, ou quando as receitas geradas são superiores ou iguais às receitas previstas.

O desperdício orçamental manifesta-se de forma diferente consoante a natureza do produto orçamental considerado: a venda de produtos orçamentais é a principal manifestação dos bens, dos serviços equiparados a bens e dos produtos acabados, enquanto o desperdício orçamental das quotizações e dos serviços equiparados a quotizações se manifesta geralmente através da insolvência dos consumidores.

B. Factores de perda

1. Conceito

Os factores de deterioração são as condições que conduzem à deterioração orçamental de um produto, projectando a não realização das receitas previstas, criando assim uma diferença negativa entre os valores reais e previstos para o produto em causa.

Os factores de desperdício são geralmente factos sociais ou fenómenos naturais. No entanto, um facto social ou um fenómeno natural que pode ser evitado não pode ser considerado como um fator de perda orçamental.

Por exemplo, um vendedor de pão deve evitar espalhar os seus produtos uniformemente no chão, em vez de considerar a humidade do solo como um fator de perda de orçamento.

O operador de uma fábrica que transforma matérias-primas em produtos acabados tem de adotar medidas de segurança e vigilância, em vez de considerar o roubo pelos seus empregados como um fator de custo.

Tudo o que pode ser evitado não pode ser considerado como um fator de desperdício orçamental, caso contrário é um erro de avaliação que prejudica o bom funcionamento do orçamento.

Numa empresa comercial, as duas principais causas de perda orçamental são, por um lado, a fixação do preço dos produtos orçamentais demasiado baixo ou demasiado alto e, por outro lado, a perda de mercadorias, enquanto que numa escola, a insolvência é a manifestação da perda orçamental e a saída dos alunos e a fixação de um preço demasiado baixo ou demasiado elevado são os dois principais factores de perda dos seus produtos, ou seja, as propinas e outros custos relacionados com a formação.

2. Influência dos factores de perda

Os factores de desperdício são as condições que favorecem o desperdício orçamental e que influenciam geralmente os consumidores no caso das taxas e dos serviços semelhantes a taxas. Um consumidor afetado por um fator de desperdício não consome os produtos orçamentados ou consome sem consideração, o que impede a empresa de realizar as receitas esperadas.

Os factores de desperdício afectam geralmente os produtos orçamentais no caso de efeitos de compra, efeitos de transformação e efeitos de extração. Um produto orçamental afetado por um fator de desperdício impede o seu consumo ou provoca um subconsumo, o que impede a empresa de realizar as receitas previstas.

C. Taxa de desperdício orçamental

É necessário identificar e quantificar os factores de desperdício para determinar a taxa de desperdício orçamental, ou seja, a relação entre o valor do desperdício e o valor total, os valores relativos à quantidade de produtos orçamentais ou de consumidores, mas também a relação entre o montante do desperdício e o montante total. É esta taxa de desperdício que nos permite eliminar antecipadamente o défice, de modo a obter um possível excedente orçamental no final do exercício.

A taxa de desgaste (5) é então o rácio entre a quantidade de desgaste (D) e a quantidade total (T) de produtos orçamentados; é também o rácio entre o número de desgaste (D) e o número total (T) de consumidores ou produtos orçamentados.

O número de produtos orçamentais ou de consumidores implicados na perda orçamental é designado por número de produtos orçamentais ou de consumidores implicados na perda orçamental, enquanto o montante da perda é o montante não cobrado devido à influência da perda orçamental.

$$\delta = \frac{D}{T} \times 100$$

5 : Taxa de desperdício orçamental

D: Valor das perdas orçamentais (número de efectivos das perdas ou montante das perdas) T: Valor total (número de efectivos total ou montante total)

Andar

1^{cre} etapa: Identificação dos factores de perda em relação aos produtos abrangidos pelo orçamento

$2^{c\ ""e}$ etape : Determinação do valor do desperdício, ou seja, o montante representado pelos produtos afectados pelos factores de desperdício, o montante não recolhido ou o desperdício real para cada fator de desperdício orçamental.

Montante não pago = Montante planeado - Montante pago

Desperdício efetivo = Quantidade não recolhida / Taxa

$3^{c\ ""e}$ etape : Determinação da taxa de desperdício orçamental utilizando a fórmula segundo a qual a taxa de desperdício orçamental é o rácio entre o valor do desperdício e o valor total dos produtos (ou consumidores) em causa no orçamento.

$$\delta = \frac{D}{T} \times 100$$

11.8 Categorização das empresas

O método Dewaz elabora o orçamento com base em quadros adicionais, cujo número depende do tipo de atividade da empresa.

Além disso, para uma utilização pragmática, o método Dewaz divide as sociedades em três categorias, em conformidade com o artigo 3.o do Ato Uniforme da OHADA sobre o direito comercial geral e com os artigos 11.oe 13.o do Ato Uniforme da OHADA sobre a organização e a harmonização da contabilidade das sociedades, a saber

o   Sociedades comerciais;

o   Empresas industriais e artesanais ;

o   Empresas de serviços (1 formato^{er} e 2 formatos$^{c\ ""e}$).

As empresas de serviços estão divididas em duas categorias, o que sugere que o Método Dewaz apresenta quatro categorias de empresas: empresas comerciais, empresas industriais, empresas de serviços de formato 1er e empresas de serviços de formato $2^{c\ "".\ e}$

11.9 Tipo de orçamento

Os critérios de classificação utilizados são a espécie do produto e o sector de atividade da empresa.

- O orçamento do tipo racional é adequado para 1er empresas de serviços de formato, aquelas que utilizam produtos racionais.

Os produtos orçamentais das 1er empresas de serviços de formato são taxas ou serviços semelhantes a taxas que permitem a elaboração de listas de consumidores.

Exemplos: serviços públicos, educação, seguros

A palavra racional é tomada no sentido da teoria da lógica matemática, na medida em que os consumidores são conhecidos, é possível estabelecer uma ligação direta entre os consumidores e os produtos sem passar por cálculos intermédios.

- O orçamento aleatório adequado para 2eme empresas de serviços de formato, as que exploram produtos aleatórios.

Os produtos orçamentais de 2 empresas de serviços de formato eme são taxas ou serviços semelhantes a taxas que não oferecem a possibilidade de elaborar listas de consumidores.

Exemplos: Centro médico, Transportes, Consultoria

A palavra "aleatório" é utilizada no sentido da teoria das probabilidades. Mais especificamente, o valor atual dos lucros futuros gerados por uma decisão é uma variável aleatória cuja distribuição de probabilidade se presume ser conhecida.[9]

- O orçamento linear adequado para as sociedades comerciais

Os produtos orçamentais das sociedades comerciais são mercadorias que são compradas para revenda sem qualquer tipo de transformação.

Exemplos: Loja, farmácia, Super Marche

A palavra linear é tomada no sentido das teorias da geometria analítica, no sentido de variações que podem ser representadas por uma linha reta, porque é a ideia de que os produtos são vendidos tal como são comprados.

Tudo o que se compra no comércio tem de ser vendido, mais cedo ou mais tarde.[10] As empresas comerciais são aquelas que compram mercadorias para as revender sem as transformar de forma alguma.

- O orçamento analítico adequado para as empresas industriais e artesanais

Os produtos orçamentais das empresas industriais são os produtos acabados produzidos após a transformação das matérias-primas.

Exemplos: Padaria, fábrica de sabão, fábrica de natas

Entende-se por "analítico" os cálculos complexos necessários para especificar os produtos acabados a partir das matérias-primas, passando por uma série de transformações, e para determinar o seu valor estimado.

- O orçamento do tipo agrícola é adequado para as empresas agrícolas, ou

---

[9] L. LESOURNE, Technique economique et gestion industrielle, Paris, 1971, p 36
[10] D. GRUNEWALD, Small BusinessManagement, Nova Iorque, 1966, p. 31

seja, as que exploram a natureza.

Os produtos orçamentais das empresas agrícolas são os efeitos de extração provenientes diretamente da natureza.

Exemplos: Plantação, criação de gado, exploração mineira

A agricultura é entendida como a exploração direta dos elementos da natureza.

N°	Sector de atividade	Tipo de orçamento
1	Agricultura	Agricultura
2	Seguros	Aleatório ou racional
3	Comércio geral	Linear
4	Construção	Analítico
5	Educação	Racional
6	Pesca	Agricultura
7	Produção industrial	Analítico
8	Saúde	Aleatório
9	Serviços públicos	Aleatório ou racional
10	Telefonia móvel	Aleatório
11	Turismo	Aleatório
12	Transporte	Aleatório

Capítulo III

ACTIVIDADES ORÇAMENTAIS

111.1 O que é uma atividade orçamental?

As actividades orçamentais definem os diferentes domínios de despesas previstos no orçamento, a fim de evitar afectações aleatórias.

As receitas geradas pela venda de produtos orçamentais destinam-se a cobrir as despesas especificadas no orçamento relativamente ao funcionamento das actividades orçamentais, que são as entradas e saídas de fundos de uma organização.

Gerir é prever, e prever é antecipar e preparar o futuro.[11] Esta previsão diz respeito não só às receitas orçamentais, mas também às actividades orçamentais com vista a tornar possíveis as dotações orçamentais.

111.2 Actividades de elaboração do orçamento

No seu funcionamento, uma atividade orçamental pode sofrer entradas, saídas e processamentos. Cada atividade orçamental está alojada num item orçamental definido como um espaço reservado para conter o montante relativo a uma atividade orçamental e para permitir o processamento.

A elaboração de um orçamento implica a previsão de receitas e de despesas. Trata-se, por conseguinte, de prever as receitas orçamentais, que constituem a fonte das receitas da empresa, e as actividades orçamentais, que são os domínios em que são efectuadas as despesas.

111.3 Quadro orçamental

Os processos e instrumentos estratégicos (planos e orçamentos) oferecem uma forma complementar de compreender as finanças. O plano financeiro é um guia para a empresa; permite repartir os recursos afectados às acções estratégicas entre as diferentes actividades; o orçamento estratégico é uma versão quantificada do plano financeiro.[12]

Ou seja, como o guia é importante para a gestão orçamental da empresa, propõe-se um repositório como guia da empresa para poder planear antecipadamente as afectações, uma vez que as diferentes actividades são representadas por rubricas orçamentais onde basta atribuir uma percentagem a cada atividade para ativar o processo de afetação de recursos às diferentes actividades.

O quadro de referência orçamental é um sistema de apresentação das actividades susceptíveis de serem utilizadas para as dotações orçamentais de um determinado sector de atividade. As rubricas orçamentais podem ser apresentadas na sua globalidade (a cartela) ou em pormenor (o esquema).

---

[11] H. Fayol, L'administration industrielle et generale, Paris, 1979, p 35
[12] G. CAUSSE, Management financier, Sirey, 1979, p. 149

A. O cartucho orçamental

O cartucho orçamental é um sistema de apresentação global de todos os elementos susceptíveis de serem utilizados para a gestão orçamental de um sector de atividade específico.

CARTUCHO ECONÓMICO diretório de empresas			
GRUPO 1	**GRUPO 2**	**GRUPO 3**	**GRUPO 4**
Orçamento de funcionamento	Orçamento do equipamento	Orçamento de intervenção	Orçamento de investimento
1. Remuneração do pessoal	5. Consumíveis	8. Actividades paralelas	11. Amortização
2. Furo do proprietário	6. Manutenção e reparação	9. Assistência social	12. Colocação
3. Transferências	7. Participações	10. Imprevistos	
4. Custos de funcionamento			

As rubricas do grupo 1 registam as operações que implicam a repartição dos rendimentos da empresa entre o proprietário, o pessoal e os responsáveis pela gestão corrente. As rubricas do grupo 2 registam as transacções relativas a provisões e trabalhos a realizar.

As rubricas do grupo 3 registam as transacções relativas a actividades que não fazem parte das operações regulares da empresa.

As rubricas do grupo 4 registam transacções de reserva para utilização posterior.

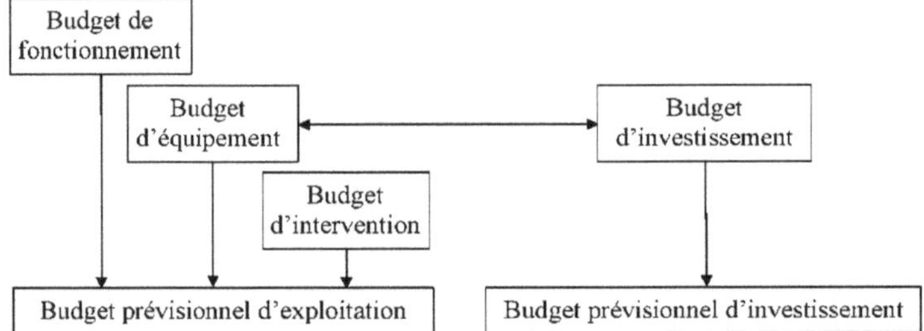

B. O projeto de orçamento

O esquema orçamental é uma apresentação pormenorizada de todos os elementos susceptíveis de serem utilizados na gestão orçamental de uma empresa.

O plano orçamental distingue-se consoante se trate de um domínio de atividade ou de outro. Na prática, por exemplo, existe um plano orçamental comercial, um plano orçamental industrial e assim por diante.

Enquanto o cartucho orçamental é um sistema global, o esquema é um sistema pormenorizado de apresentação de todas as rubricas orçamentais de um sector de atividade.

ORÇAMENTO DE EMPRESA				
GROUPES			**POSTOS**	
N°	Designação	Títulos	N°	Rubricas
1	Orçamento Despesas de funcionamento	Remuneração do pessoal	1.1	Empregados
			1.2	Parceiros activos
		Furo do proprietário	2.1	Indemnizações do proprietário
			2.2	Exploração comunitária
			2.3	Contribuição do Estado
		Custos de funcionamento	3.1	Gabinete administrativo
			3.2	Gabinete técnico
			3.3	Parceiro
			3.4	Telefones
			3.5	Taxas e refeições ligeiras
		Alienações	4.1	Comissões
			4.2	Aluguer e taxas de serviço
2	Orçamento do equipamento	Consumíveis	5.1	Material administrativo
			5.2	Equipamento técnico
			5.3	Material de manutenção
			5.4	Água e eletricidade
			5.5	Outros consumíveis
		Manutenção e reparação	6.1	Manutenção das instalações
			6.2	Manutenção do mobiliário
			6.3	Equipamento de escritório
			6.4	Equipamento técnico
		Participações	7.1	Impostos
			7.2	Seguros
3	Orçamento de intervenção	Actividades paralelas	8.1	Actividades paralelas
		Assistência social	9.1	Assistência social
		Imprevisto	10.1	Imprevisto
4	Orçamento de investimento	Amortização	11.1	Edifício
			11.2	Mobiliário

			11.3	Equipamento de escritório
			11.4	Equipamento técnico
		Colocação	12.1	Investimento
			12.2	Reserva suppletiva

Capítulo IV

O MONTANTE ESTIMADO

Gerir é prever, e prever é antecipar e preparar o futuro.[13] Como não conhecemos o futuro com certeza, trabalhamos com o rendimento atualizado e tentamos ter uma ideia da influência que os erros de previsão teriam no rendimento atualizado. Isto leva-nos diretamente ao estudo dos riscos de não realização dos rendimentos previstos, o que inclui não só a teoria da perda orçamental, mas também a do montante previsto (P).

O montante previsto é o valor atual dos lucros futuros de uma empresa. De acordo com Lessourne, se a informação for perfeita, a decisão será a que maximiza o valor atual da empresa.[14]

111.4 Pessoal do orçamento

O número de efectivos é um elemento central na determinação do montante da previsão; no entanto, o número bruto de efectivos está na origem dos erros de previsão. Estabelecer a diferença entre o número total de efectivos (T), o número de efectivos por atrito (D) e o número real de efectivos (K) é o primeiro passo para resolver o problema. Por outras palavras: o total de efectivos é calculado sem ter em conta o desperdício orçamental; o desperdício de efectivos diz respeito aos produtos ou consumidores afectados pelo desperdício orçamental; o efetivo real é a diferença entre os dois primeiros.

Total de efectivos (T)

O número total de empregados é o número de consumidores ou produtos orçamentais incluídos no orçamento.

Desperdício (D)

A taxa de desgaste indica o número de consumidores ou de produtos orçamentais afectados pelos factores de desgaste.

$$D = \frac{T \times \delta}{100}$$

Efectivos efectivos (K)

O número efetivo de efectivos é o que deve ser tido em conta na elaboração do orçamento. Representa a diferença entre o número total de efectivos e o número de efectivos por atrito.

$$K = T - D$$

IV.2 Indicadores de consumo orçamental

Os indicadores de consumo são os elementos utilizados para determinar o

---

[13] H. Fayol, L'administration industrielle et generale, Paris, 1979, p 35
[14] L. LESOURNE, Technique economique et Gestion industrielle, Paris, 1971, p 35

montante previsto de um produto orçamentado. O efetivo real, a taxa e a margem bruta são os indicadores de consumo utilizados no método Dewaz.

Montante previsional (P)

O montante previsto é a soma projectada a realizar num determinado produto orçamental.

$$P = K \times vi$$

Para tipos racionais e aleatórios

$$P = K \times MB$$

Para tipos lineares e analíticos

IV.3 Parâmetros de consumo orçamental

Os parâmetros de consumo são os elementos utilizados para determinar o efetivo previsional (T) de um produto orçamental aquando da elaboração do orçamento. O ciclo de consumo (C), a frequência de consumo (F) e o coeficiente de consumo $^{(\lambda)}$ são os três parâmetros de consumo utilizados no método Dewaz.

Note-se que o orçamento de tipo racional não utiliza os parâmetros de consumo para determinar o número de efectivos previsto, porque, sendo o único tipo que utiliza listas de consumidores conhecidas antecipadamente, o número de efectivos previsto não é calculado, uma vez que as diferentes listas e o número de consumidores o determinam à partida.

Ciclo de consumo (C)

1. Definição

O ciclo de consumo de um produto é um período regular em que uma sequência de consumo desse produto tem lugar numa determinada ordem.

2. Expressão

O ciclo de consumo de um produto pode ser horário, diário, semanal, mensal, trimestral, anual, etc. O ciclo de vendas de um produto não é calculado, é observado.

Coeficiente de consumo $^{(\lambda)}$

1. Definição

O coeficiente de consumo de um produto indica o número de ciclos de consumo desse produto contidos num exercício orçamental.

2. Expressão

Exercício

$$\lambda = \frac{Exercice}{C}$$

Neste caso, o exercício e o ciclo de consumo devem ser expressos na mesma unidade de medida, ou seja, dia, semana, mês, etc.

Frequência de consumo (F)

1. Definição

O ritmo a que um produto passa pelo seu ciclo de consumo é conhecido como a sua frequência de consumo.

Assim, a frequência de um produto pode ser diária, semanal, mensal, trimestral, anual, etc.

2. Expressão

A frequência do consumo é expressa pelo número de ocorrências em relação à periodicidade expressa no ciclo de consumo.

$$F = n / p$$

n = Número de ocorrências

p = Periodicidade expressa no ciclo de consumo

Exemplo: 7/dia, 2/semana, 10/mês

Os parâmetros de consumo não estão ligados ao exercício orçamental, mas a um produto orçamental para o ano.

Total de efectivos (T)

1. Noção

O número total de efectivos indica o número de vezes que um produto ocorre num ano financeiro.

2. Fórmula

$$T = F \times \lambda$$

Utilização não válida para o orçamento do tipo racional.

IV.4 Potencial orçamental

O potencial orçamental refere-se à capacidade total de um orçamento. É o valor atual dos lucros futuros de uma empresa sem ter em conta o esgotamento.

Note-se que o montante potencial depende do exercício orçamental, porque cada produto do orçamento dá o seu potencial (π_i), e o total de todos os produtos potenciais do orçamento constitui o potencial (π) do orçamento.

A. O potencial dos produtos (π_i)

Cada produto orçamental dá origem a um potencial correspondente π_i. Assim, tantos produtos orçamentais, tantos montantes potenciais π_i diferentes do potencial π correspondente à soma de todos os potenciais π_i.

Cada produto do orçamento tem um montante potencial, que é o produto da sua taxa ou margem bruta e o número total de produtos ou consumidores abrangidos pelo orçamento.

Para produtos racionais e aleatórios

$$\pi_i \ = \ T \ \times \ vi$$

Para produtos lineares e analíticos

$$\pi_i \ = \ T \ \times \ MB$$

B. Potencial orçamental ( )$^\pi$

O montante potencial ($^\pi$) é o montante determinado em função da capacidade total do orçamento, ou seja, é a soma dos montantes potenciais dos diferentes produtos abrangidos pelo orçamento.

$$\pi \ = \ \pi_1 \ + \ \pi_2 \ + \ \pi_3 \ + \ldots \pi_n$$

O potencial orçamental é diferente da previsão, na medida em que o potencial não tem em conta a perda orçamental, enquanto a previsão é calculada sem ter em conta a perda orçamental.

A estimativa orçamental (P) é um montante orçamental calculado sem deduções orçamentais. É, por conseguinte, o montante a considerar aquando da elaboração do orçamento.

O potencial orçamental (л) é um montante utilizado no orçamento como indicação para determinar o montante e a taxa de desperdício, tanto na elaboração como no controlo do orçamento.

Importa igualmente referir que o potencial orçamental de uma empresa representa a sua capacidade total, enquanto a previsão orçamental de uma empresa representa o seu potencial realizável.

Assim, a elaboração do orçamento de uma empresa com base no seu potencial só pode conduzir a uma aberração orçamental.

IV.5 Taxa de execução orçamental

O rácio entre o orçamento previsto e o orçamento realizado é designado por taxa de realização orçamental. O montante global da previsão é o do centralizador, o montante da realização é o do capitalista.

$$\rho \ = \ \frac{R}{P} \ \times \ 100$$

p: Taxa de execução orçamental

P : Montante planeado

R: Montante real

Esta taxa indica o grau de realização do orçamento.

Se p > 100%, o orçamento é excedentário.

Se p < 100%, o orçamento é deficitário.

Se p = 100%, o orçamento está equilibrado.

E a diferença constitui o saldo orçamental, o excedente ou o défice.

A taxa de realização pode ser calculada por produto, por área ou por categoria.

Capítulo V

O ORÇAMENTO AGRÍCOLA

V.1 Conceitos

A gestão orçamental das empresas cujos proveitos orçamentais provêm da exploração da natureza destaca uma exceção a estudar em particular. Nesta categoria de actividades, encontramos :

- Pesca;
- Criação ;
- Agricultura ;
- Plantação ;
- Exploração mineira;
- Extração de materiais de construção ;
- Madeira ;
- E assim por diante.

Todas estas actividades têm uma coisa em comum: os seus produtos orçamentais encontram-se diretamente na natureza, e a produção é natural no sentido em que a intervenção humana só se faz sentir do lado dos inputs para a preparação e do lado dos outputs para a exploração, mas a produção é natural.

Pela sua própria natureza, todos os produtos agrícolas são extractos. Mas, no decurso da produção, um produto de extração pode ou não ser transformado para consumo. É por isso que não existe um produto agrícola puro e que o consumo de produtos agrícolas depende da sua evolução.

É feita uma distinção entre :

- Produtos agrícolas com uma tendência aleatória;
- Produtos agrícolas com uma tendência linear;
- Produtos agrícolas racionais;
- Os produtos agrícolas têm uma tendência analítica.

V.2 Natureza e espécies

Os produtos do orçamento agrícola são todos da mesma natureza e do mesmo tipo. Trata-se de rubricas de extração pertencentes à categoria dos produtos agrícolas.

Sector	Receitas orçamentais
Água	Água
Pesca	Peixe e outros produtos aquáticos
Caça	Animais e produtos de origem animal: carne, pele, sangue, leite, excrementos, etc.
Colheita	Plantas, frutos, folhas, cascas, raízes, sementes, ramos, etc.

Reprodução	Animais e produtos de origem animal: carne, pele, sangue, leite, excrementos, etc.
Agricultura	Plantas, frutos, folhas, cascas, raízes, sementes, ramos, etc.
Plantação	Plantas, frutos, folhas, cascas, raízes, sementes, ramos, etc.
Exploração mineira	Pedras preciosas
Extração de materiais de construção	Areia, pedra de construção e outros materiais
A madeira	Toros, madeira

V.3 Produtos permanentes e renováveis

Na sua exploração, os produtos agrícolas são permanentes ou renováveis, consoante ofereçam a possibilidade de serem explorados a um ritmo contínuo ou descontínuo, de acordo com a sua presença permanente ou alternativa.

Os produtos permanentes são aqueles para os quais a natureza oferece a possibilidade de serem explorados de forma permanente. São produtos que podem ser encontrados sem interrupção no tempo e no espaço.

Os seguintes sectores são considerados produtos permanentes:
- Pesca;
- Mini-holding;
- Extração de materiais de construção ;
- Madeira ;
- E assim por diante.

Os produtos renováveis são aqueles que são colhidos durante períodos específicos.

Estes são produtos da :
- Plantação ;
- Criação ;
- Agricultura ;
- E assim por diante.

Note-se que um produto permanente pode ser renovável por um período de tempo. A pesca pode ser suspensa durante um período determinado, a fim de renovar a quantidade de peixe existente nas águas. A caça também pode ser efectuada nas mesmas condições. Nestes casos, os produtos da pesca e da caça não são permanentes, mas sim renováveis, quando são naturalmente permanentes.

V.4 Escala orçamental

A. O que é uma balança de orçamento?

A balança orçamental designa o elemento da natureza que deve ser explorado para obter produtos do orçamento agrícola. A balança orçamental pode ser a água, uma parcela de terra, uma pedreira, um animal, uma árvore, uma planta, um campo, um arbusto, etc.

B. Características

Uma grelha orçamental caracteriza-se pela quantidade e qualidade dos seus produtos orçamentais e pela sua capacidade em relação a cada um dos seus produtos orçamentais.

Produtos económicos na balança

Escala	Receitas orçamentais
Água	Peixe e outros produtos aquáticos
Carriere	Pedras preciosas, pedras de construção, areia, etc.
Campo	Plantas, legumes, frutos, folhas, raízes, etc.
Bete	Pequenos animais, carne, pele, ovos, leite, pêlos, excrementos, etc.
Árvore	Frutos, folhas, cascas, raízes, sementes, ramos, etc.

C. A capacidade de uma escada

A capacidade de uma grelha indica a quantidade de produtos que contém em relação a um determinado exercício orçamental. É feita uma distinção entre a capacidade estática (k_s) ligada à própria grelha e a capacidade dinâmica (k_d) ligada aos produtos orçamentais da grelha orçamental.

A capacidade estática de uma balança em relação a um produto orçamentado é a quantidade desse produto contida na balança, de acordo com o exercício orçamental.

A capacidade estática é expressa pela quantidade de produtos que contém. Uma árvore que dá 2.000 frutos tem uma capacidade estática de 2.000 frutos.

A capacidade dinâmica de uma balança, em relação a um produto orçamentado, indica a quantidade que pode ser utilizada durante o exercício.

É de salientar que a quantidade a colher depende do tempo necessário, do número de pessoas envolvidas e da qualidade e quantidade do equipamento utilizado.

A capacidade dinâmica de uma balança em relação a um produto é expressa pela quantidade que é capaz de produzir durante um período de tempo, associada aos parâmetros de funcionamento, ou seja, mão de obra, tempo e materiais.

D. Parâmetros de funcionamento

São os recursos que se conjugam para determinar a quantidade prevista de produtos do orçamento agrícola. Três elementos constituem os parâmetros operacionais, nomeadamente :

- O homem,

- Tempo, - Equipamento.

Quantas pessoas são necessárias, a que horas, para utilizar que equipamento e produzir que quantidade de produtos orçamentados?

É de salientar que os parâmetros de funcionamento não são calculados, mas sim observados na prática. Não existe uma fórmula que permita determinar os valores dos parâmetros de funcionamento, uma vez que a observação pormenorizada é suficiente para determinar os parâmetros de funcionamento de um produto agrícola em relação a uma determinada escala.

O homem

O número de pessoas necessárias para operar uma escada de modo a produzir uma determinada quantidade de produto.

O material

O material a utilizar é mais do que fundamental para a produção de produtos económicos. É sempre necessário perguntar a si próprio qual o equipamento necessário para produzir os melhores resultados. E em que quantidades?

O tempo

A utilização de uma balança para a produção prolonga-se no tempo. Se a balança é o espaço em que se realiza a operação, também precisamos de saber quanto tempo é necessário para produzir uma determinada quantidade de produtos orçamentados.

V.5 O determinante da produção

O determinante é uma tabela que combina os vários parâmetros de produção de um produto orçamentado para determinar a sua quantidade prevista, conhecida como capacidade dinâmica (Kd).

A produção é o elemento fundamental do orçamento agrícola. Os produtos orçamentais que têm de ser consumidos para gerar receitas não são fabricados nem comprados, mas obtidos através da exploração da natureza.

Na agricultura, tudo o que vendemos é o resultado da exploração da natureza. Por esta razão, os elementos do determinante devem incluir os parâmetros de exploração para atingir a capacidade dinâmica.

Escala :

N°	Produto		Ks	Parâmetros			Kd
	Designação	Código		m	t	h	

A manutenção do determinante da produção permite determinar a quantidade exacta a produzir, de modo a evitar propor uma quantidade superior ou inferior nas previsões de vendas dos produtos orçamentados.

Escala

A escala designa o elemento da natureza que deve ser explorado para obter um produto agrícola. A escala orçamental pode ser a água, a terra, uma pedreira, um animal, uma árvore, uma planta, um campo, um arbusto, etc.

Capacidade estática (Ks)

A capacidade estática (Ks) de uma balança em relação a um determinado produto do orçamento agrícola é a quantidade desse produto contida na balança em causa. A capacidade estática pode também ser indeterminada.

Variável h

1. Noção

A variável h representa o número de homens necessários para operar a balança ao longo do tempo, utilizando equipamento adequado, a fim de produzir uma determinada quantidade de um produto orçamentado a partir da balança.

2. Expressão

A variável h é expressa como um par (h_{min}, h_{max}). A mão de obra mínima h_{min} é o número de homens necessários para utilizar o equipamento para produzir a quantidade mínima de produto orçamentado. A mão de obra máxima h_{max} é o maior número de pessoas necessárias para produzir uma quantidade orçamentada de uma balança.

Variável t

1. Noção

A variável t representa o tempo necessário para acionar uma escada de modo a produzir uma determinada quantidade de produto orçamentado. Os diferentes valores da variável t variam do mínimo ao máximo, passando por valores intermédios.

2. Expressão

A variável t é expressa como um par (t_{min}, t_{max}). O tempo mínimo t_{min} é o tempo necessário para utilizar o equipamento para produzir a produção mínima orçamentada. É o tempo que nunca pode ser excedido sem se atingir uma determinada produção. O tempo mínimo é geralmente expresso em horas, mas também pode ser expresso noutras unidades. A duração máxima t_{max} é o número de t_{min} contidos num ano orçamental.

$$t_{max} = n \cdot t_{min}$$

n é o número de $meses$ do exercício orçamental.

n deve ser determinado com base no calendário, distribuindo os vários $tempos$ pelas horas de trabalho contidas no exercício.

Variável m

1. Noção

A variável m representa o material necessário para operar uma escada de modo a produzir uma determinada quantidade de produto orçamentado.

2. Expressão

A variável m é expressa como um tripleto (m_i, m_2, m_3). m_i representa a qualidade do material e m_2 é a quantidade necessária para utilizar a escada para a produção. m_3 representa a forma como o material é utilizado; o seu valor é i quando utilizado individualmente e c quando utilizado coletivamente.

Exemplos

i. (Piroga, i, c)

2 (Faca, 2, i)

Capacidade dinâmica (Kd)

A capacidade dinâmica (Kd) de uma balança em relação a um determinado produto do orçamento agrícola é a quantidade desse produto que a balança oferece a possibilidade de explorar em função dos parâmetros de produção, nomeadamente: recursos humanos, tempo necessário e equipamento a utilizar.

A capacidade dinâmica (Kd) de uma balança em relação a um determinado produto orçamental agrícola é função das variáveis h e t na sua evolução para a exploração do produto orçamental em causa.

Para determinar a capacidade dinâmica, basta combinar os diferentes valores da variável h com os da variável t, utilizando o tabuleiro de xadrez dos valores.

Gráfico de acções

h \ t	Mínimo	Máximo
Mínimo		
Máximo		

A gama de valores é produto a produto, pelo que cada produto do orçamento tem a sua própria gama de valores.

As colunas do tabuleiro de xadrez são preenchidas com os valores da variável h, e as linhas são preenchidas com os valores da variável t, que podem ser determinados por simples observação.

A capacidade dinâmica é obtida através da combinação das variáveis h e t, e ocupa a casa do tabuleiro de xadrez onde a coluna se encontra com a linha.

Apresente o tabuleiro de valores para o trabalho trimestral de um pescador que trabalha 6 horas por dia com uma rede para apanhar uma média de 4 peixes grandes e 25 peixes pequenos, sabendo que não trabalha aos sábados e domingos. t_{min} = 6 horas n = 67 h_{min} = 1

t_{max} = 402 horas h_{max} = 1

Grandes venenos

h \ t		Mínimo	Máximo
		6 horas	402 horas
Mínim	1	4 peixes	268 peixes

h \ t		Mínimo	Máximo
Mínimo			
Máximo	1	4 peixes	268 peixes

Peixes pequenos

h \ t		Mínimo	Máximo
		6 horas	402 horas
Mínimo	1	25 peixes	1.675 peixes
Máximo	1	25 peixes	1.675 peixes

O determinante é um quadro orçamental que não faz parte do plano orçamental, mas um quadro que pode ser consultado para comparar a quantidade a produzir com a quantidade a vender, de modo a garantir que a quantidade a produzir é sempre superior à quantidade a vender.

Se T < Kd, o orçamento é possível
Se T > Kd, existe um impasse orçamental a montante

Capítulo VI

APLICAÇÕES DO MÉTODO DEWAZ

VI.1 Conceitos

A implementação de todas as teorias desenvolvidas no Método Dewaz requer a presença de aplicações cujo manuseamento traduz a materialização do Método Dewaz no funcionamento das empresas. Estas aplicações, que são derivadas do Método Dewaz, são :

1. Elaboração do orçamento;
2. O processo orçamental ;
3. O sistema orçamental integrado.

O Método Dewaz permite gerir as empresas em 3 fases: elaboração, execução e reavaliação do orçamento, as quais requerem uma técnica de orçamentação adequada. Neste sentido, a orçamentação, um desdobramento do Método Dewaz, é uma técnica de orçamentação para elaborar, gerir e avaliar os orçamentos das empresas.

Na gestão corrente, as 3 fases do Método Dewaz contêm cada uma um certo número de operações a realizar, que no seu conjunto constituem o processo orçamental definido como a sequência lógica das operações relativas ao funcionamento do orçamento da empresa. Note-se que cada operação orçamental corresponde a um posto de trabalho específico. Para além das operações orçamentais, o processo orçamental define, portanto, as profissões orçamentais para a utilização do Método Dewaz na governação das empresas.

Como é que as empresas podem ser controladas no âmbito de um sistema único? A resposta parece ser um mecanismo de três componentes, com o Método Dewaz no centro, com empresas públicas e privadas de um lado e serviços públicos do outro. Este é o Sistema Orçamental Integrado, derivado do Método Dewaz, no qual o Método Dewaz é utilizado pelas empresas para a boa governação e pelos serviços públicos para monitorizar e supervisionar as empresas, tanto públicas como privadas.

Em termos práticos, as aplicações orçamentais do Método Dewaz, ou seja, a orçamentação, o processo orçamental e o Sistema Integrado de Orçamentação (SIO), são as várias facetas do Método Dewaz sem as quais este continuaria a ser pura teoria e de pouca utilidade na governação das empresas. Por outras palavras, as aplicações orçamentais põem em prática o Método Dewaz, permitindo que os orçamentos das empresas funcionem.

VI.2 Elaboração do orçamento

A. O que é a orçamentação?

A orçamentação é uma técnica de elaboração de previsões orçamentais, que pode ser utilizada para gerir o orçamento e, no final do exercício, para identificar as variações entre o orçamento real e o orçamento previsto.

A técnica é efectuada através de quadros complementares e em três fases:

> Preparação do orçamento ;

> Gestão orçamental ;

> Avaliação orçamental.

A orçamentação explora as propriedades sucessivas dos quadros orçamentais para ajudar as empresas a elaborar, gerir e reavaliar os seus orçamentos.

B. Tipo de orçamento

A gestão do orçamento de empresa varia em função do tipo de produto orçamental e do sector em que a empresa opera. Distingue-se entre: orçamentação aleatória, orçamentação linear, orçamentação racional, orçamentação analítica e orçamentação agrícola.

Os critérios de classificação utilizados são o tipo de produto orçamental e o sector de atividade da empresa.

Tipo de orçamento	Sector de atividade	Receitas orçamentais
Orçamentação racional	Serviços públicos e empresas de serviços	Amostras ou similares com listas de consumidores
Orçamentação aleatória	Serviços públicos e empresas de serviços	Amostragem ou similar sem listas de consumidores
Elaboração de orçamentos lineares	Empresas comerciais	Notas de compra
Orçamentação analítica	Empresas industriais	Efeitos de transformação
Orçamentação agrícola	Empresas de exploração de dimensão orçamental	Efeitos de extração

■ Orçamentação racional para empresas de serviços (1er format) Educação, seguros, associações, etc.

■ Orçamentação aleatória para empresas de serviços (2eme format) Centros médicos, transportes, empresas de consultoria, etc.

■ Orçamentação linear para empresas de comércio Boutique, farmácia, Super Marche, etc.

■ Orçamentação analítica para empresas industriais e artesanais Padarias, fábricas de sabão, cremarias, etc.

■ Orçamentação agrícola para empresas industriais e artesanais Pescas, plantações, explorações agrícolas, etc.

N°	Sector de atividade	Tipo de orçamento
1	Educação	Orçamentação racional

2	Saúde	Orçamentação aleatória
3	Comércio geral	Elaboração de orçamentos lineares
4	Produção industrial	Orçamentação analítica
5	Telefonia móvel	Orçamentação aleatória
6	Transporte	Orçamentação aleatória
7	Construção	Orçamentação analítica
8	Turismo	Orçamentação aleatória
9	Serviços públicos	Orçamentação racional
10	Seguros	Orçamentação racional

■ I.3 O processo orçamental

A. O que é o processo orçamental?

O processo orçamental refere-se a uma sequência lógica de operações relacionadas com o funcionamento do orçamento, desde a sua conceção até à sua avaliação.

São consideradas operações orçamentais as seguintes :

1. Conceção orçamental ;
2. Elaboração do orçamento ;
3. Elaboração do orçamento ;
4. Gestão orçamental ;
5. Transcrição do orçamento ;
6. Controlo orçamental ;
7. Auditoria orçamental ;
8. Controlo orçamental.

O processo orçamental está claramente dividido em três fases, que ocorrem sempre que uma empresa é confrontada com uma decisão. São elas: a previsão, a orçamentação e o controlo.[15]

Previsão: estudo preliminar da decisão ;

Elaboração do orçamento: definir objectivos e recursos ;

Controlo: obtenção de desvios entre o objetivo e o real.

B. Operações orçamentais

1. Conceção orçamental

A conceção do orçamento implica a criação de um sistema orçamental que permita a realização de operações de preparação do orçamento.

O sistema de orçamentação baseia-se na ideia de fornecer ao pessoal operacional uma série de ferramentas úteis para o processo de gestão.

A conceção do orçamento implica o estudo dos produtos orçamentais e do seu ambiente para determinar não só o tipo de orçamento, mas também os diferentes

---

[15] J. MEYER, Gestion budgetaire, Paris, 1979, p 22

quadros orçamentais a utilizar.

2. Elaboração do orçamento

A elaboração de um orçamento consiste em determinar previamente as receitas e as despesas de uma determinada estrutura, mantendo quadros para o efeito. Estes quadros servem de bússola para o resto das operações orçamentais.

3. Orçamentação

A elaboração do orçamento consiste em inscrever as receitas e as despesas previstas no orçamento.

4. Gestão orçamental

A gestão orçamental consiste em assegurar que as receitas e as despesas são efectuadas em conformidade com as previsões orçamentais.

5. Transcrição do orçamento

A transcrição do orçamento consiste em registar e contabilizar as receitas e as despesas de acordo com as previsões orçamentais nos quadros previstos para o efeito.

6. Controlo orçamental

O controlo orçamental consiste em acompanhar as receitas e despesas orçamentais numa base diária para identificar eventuais variações.

O principal objetivo do controlo orçamental é verificar se a transcrição é efectuada de acordo com as previsões elaboradas e apresentadas nos quadros de conceção.

7. Avaliação orçamental

A avaliação orçamental consiste em comparar a elaboração das previsões orçamentais com a sua execução, a fim de identificar os desvios.

A avaliação orçamental pode ser interna ou externa. É interna quando é efectuada por um agente interno (auditor orçamental), enquanto é externa quando é efectuada por peritos externos.

A avaliação externa pode ser legal ou contratual. A avaliação legal, também conhecida como controlo orçamental, é obrigatória e é realizada por agentes do Estado (controladores orçamentais) com um mandato emitido por uma autoridade competente.

A avaliação contratual, também designada por auditoria orçamental externa, é efectuada por uma empresa especializada ou por um agente independente (auditor orçamental) em nome da organização.

Quer a avaliação seja interna ou externa, legal ou contratual, a abordagem é a mesma. A única diferença é que os objectivos são diferentes consoante se trate de uma auditoria orçamental ou de um controlo orçamental. A auditoria orçamental, interna ou externa, é sempre baseada em incentivos, enquanto o controlo orçamental é punitivo.

C. Funções relacionadas com o processo orçamental

No processo orçamental, cada uma das operações é efectuada por um especialista claramente definido.

N°	Operações orçamentais	Especialistas em orçamento
1	Conceção orçamental	O designer orçamental
2	Elaboração do orçamento	O redator do orçamento
3	Orçamentação	O redator do orçamento
4	Gestão orçamental	O condutor económico
5	Transcrição do orçamento	O operador económico
6	Controlo orçamental	O analista orçamental
7	Auditoria orçamental	O auditor orçamental
8	Controlo orçamental	O controlador orçamental

1. O designer orçamental

O orçamentista é um especialista que estuda o ambiente da empresa e os produtos orçamentais para determinar o tipo de orçamento e os quadros a utilizar para a sua elaboração.

2. O redator do orçamento

O redator do orçamento é um especialista responsável pela atualização dos quadros de conceção para determinar antecipadamente as receitas e as despesas da empresa.

3. O condutor económico

O gestor orçamental é um especialista que assegura que as receitas e as despesas são realizadas em conformidade com as previsões orçamentais.

4. O operador económico

O Operador Orçamental é um especialista responsável pela manutenção de quadros de gestão para registo e contabilização de receitas e despesas em conformidade com as previsões orçamentais.

5. O analista orçamental

O analista orçamental é um especialista no acompanhamento quotidiano das receitas e despesas orçamentais, com vista a determinar eventuais variações.

6. O auditor orçamental

O auditor orçamental é um especialista responsável pela atualização dos quadros em mosaico, comparando os orçamentos reais e previsionais para identificar desvios.

O auditor orçamental é interno quando faz parte do pessoal da empresa e externo quando não faz parte do mesmo.

7. O controlador orçamental

O controlador orçamental é um especialista que, por mandato legal, é responsável pela manutenção dos quadros em mosaico, comparando os valores reais e as previsões orçamentais para identificar desvios.

O auditor interno, o auditor externo e o controlador orçamental são especialistas cuja função é reavaliar o orçamento.

VI.4 O Sistema Orçamental Integrado (SIO)

A. O que é o Sistema Orçamental Integrado?

O Sistema Integrado de Orçamentação (SIO) é um mecanismo de gestão, cujo núcleo é o Método Dewaz, que permite uma gestão eficiente das empresas públicas e privadas e um controlo e supervisão eficazes dessas emprêsas pelos serviços públicos competentes.

Sistémico porque é um processo com objectos variados para o funcionamento global; Orçamental porque o processo visa uma área específica, o orçamento; Integrado porque a adaptação ao Método Dewaz é essencial para as empresas e serviços públicos.

Segundo Lapierre, um sistema é constituído por elementos interdependentes cujas ligações são tais que, se um deles for modificado, os outros também o são e, consequentemente, o conjunto transforma-se.[16]

Os componentes do Sistema Orçamental Integrado podem funcionar isoladamente para outros fins, mas na organização do sistema, o funcionamento isolado é praticamente impossível devido à sua interdependência, uma vez que cada um dos elementos depende sempre de dois outros para o seu funcionamento correto e harmonioso.

O desenvolvimento do nível de vida, segundo Taylor, e, consequentemente, a modificação do modo de vida que se torna possível pela acumulação de bens materiais, derivam essencialmente da procura de novos meios e da organização das sociedades humanas que aplicam esses meios.[17]

Por conseguinte, é importante especificar que, nas condições deste desenvolvimento, o Método Dewaz, que faz parte da vida prática das empresas, é apresentado como uma proposta de guia para a gestão e o controlo das empresas.

B. Estrutura

O sistema integrado de orçamentação é uma máquina com três partes complexas:

1. O Método Dewaz no centro;
2. Empresas públicas e privadas numa encruzilhada;
3. Os serviços públicos no outro extremo da escala.

---

[16] J W. LAPIERRE, L'analyse des systemes politiques, Paris, 1973, p 67
[17] F.W. Taylor, La direction scientifique des entreprises, Paris, 1967, p 9

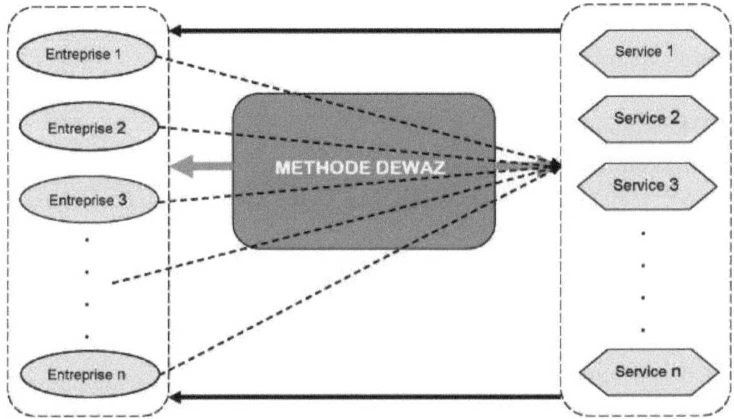

O método fornece às empresas uma ferramenta de gestão

O método permite aos serviços públicos dispor de uma ferramenta de acompanhamento da empresa

Os serviços públicos proporcionam um enquadramento para as empresas

► As empresas pagam impostos

Empresas de controlo dos serviços públicos

C. **Características**

Utilizado pelas empresas, o Método Dewaz é um instrumento de gestão que permite elaborar, executar e avaliar orçamentos através de quadros complementares. Os serviços públicos utilizam o Método Dewaz como ferramenta de controlo para acompanhar e supervisionar as empresas públicas e privadas.

BIBLIOGRAFIA

1. **Basileia**, Maurice
Le Budget de 1 Etat, Paris, 1997

2. **CAUDE**, Roland
Comment prevoir, Paris, 1978

3. **CAUSSE**, Genevieve, Alain **CHEVALIER** e Georges **HIRSCH** Gestão financeira, Sirey, 1979

4. **CONSO,** Pierre
Dictionnaire de gestion financière, Paris, 1979

5. **FAHEY**, L e R. RANDALL
Os parâmetros essenciais da gestão estratégica, Paris, 1997

6. **FAYOL**, Henry
Administração geral e industrial, Paris, 1976

7. **GRUNEWALD**, Donald
Gestão de pequenas empresas, Nova Iorque, 1966

8. **LAPIERRE**, J W
L'analyse des systemes politiques, Paris, 1973

9. **LESOURNE**, L
Técnica económica e gestão industrial, Paris, 1971

10. **LOEB**, Paul
Le budget de l'entreprise, Paris, 1956

11. **MEYER**, Jean
Gestion budgetaire, Paris, 1979

12. **SEKA SEKA** Paul
Curso de Finanças Públicas, Abidjan, 2012

13. **TAYLOR** Winslow Frederic
La direction scientifique des entreprises, Paris, 1967

yes
I want morebooks!

Buy your books fast and straightforward online - at one of world's fastest growing online book stores! Environmentally sound due to Print-on-Demand technologies.

Buy your books online at
www.morebooks.shop

Compre os seus livros mais rápido e diretamente na internet, em uma das livrarias on-line com o maior crescimento no mundo! Produção que protege o meio ambiente através das tecnologias de impressão sob demanda.

Compre os seus livros on-line em
www.morebooks.shop

info@omniscriptum.com
www.omniscriptum.com

Printed by Books on Demand GmbH, Norderstedt / Germany